Annerose Naber
Sabine Latorre

Das kreative Sachbuch „IGEL"

Impressum

Herausgeber: Kreide, Frankfurt
Idee und Gesamtkonzept: Annerose Naber und Sabine Latorre, Heidelberg
Fotos: Sabine Latorre, Heidelberg
Rainer Ott (S. 7, 8, 10, 32); Markus Kern (S. 6, 14, 23)
Grafik: Ingrid Neelen, Düsseldorf
Druck: ALS-Verlag GmbH, Dietzenbach
Bestell-Nr. 29.754
ISBN 3-89135-080-5

Die Deutsche Bibliothek - CIP-Einheitsaufnahme
Naber, Annerose:
Das kreative Sachbuch „Igel"/Annerose Naber; Sabine Latorre.
[Hrsg.: Kreide]. - Dietzenbach: ALS-Verl., 1998
(ALS-Studio-Reihe; 754) (Das kreative Sachbuch)
ISBN 3-89135-080-5

ALS-Verlag
Postfach 1440
63114 Dietzenbach

Inhaltsverzeichnis

Vorwort

Die kreative Sachbuch-Reihe des ALS-Verlags bietet viele Informationen aus verschiedenen Bereichen wie Kunst, Musik, Kreativität und Wissenschaft zu einem ausgewählten Thema. Dazu jede Menge Umsetzungsmöglichkeiten für praktische und kreative Beschäftigungen und entdeckendes Lernen mit Kindern.

Der vorliegende Band hat den Igel zum Thema. Herkunft, Aussehen, Lebensgewohnheiten, Sinne und Ernährung werden leicht verständlich erklärt. Vorschläge für die praktische Umsetzung ergänzen den naturwissenschaftlichen Teil.

Ein Gesellschaftsspiel, eine Erlebnisgeschichte mit Handpuppe und Bastelangebote ermöglichen eine kindgerechte und abwechslungsreiche Auseinandersetzung mit dem Thema. Zusätzlich bieten ein Fantasiecomic, Igel zum Backen und ein Lied Anreize, sich mit dem Thema zu beschäftigen.

Die Reihe richtet sich vor allem an pädagogische Fachkräfte, die mit Vorschulkindern oder Schulkindern bestimmte Inhalte erarbeiten wollen. Aber auch interessierte Eltern erhalten zahlreiche Anregungen, um ihrem wissbegierigen Kind Fragen rund um das Thema zu beantworten und es praktische und kreative Erfahrungen machen zu lassen.

Die Autorinnen haben viel Wissenswertes und Interessantes zusammengetragen und in der Praxis erprobt, so dass jedes Büchlein ein kompaktes Informationswerk darstellt.

In der Igelaufzuchtstation wird jedes Tier sorgfältig gewogen.

Herkunft und Tierfamilie

Naturwissenschaftlicher Aspekt

Das Aussehen der Igel hat sich in den vielen Jahren seit ihrer Entstehung recht wenig verändert. Wissenschaftler vermuten, dass der erste Igel bereits vor rund 15 Millionen Jahren lebte. Den Menschen mit seinem aufrechten Gang gibt es dagegen erst seit etwa einer Million Jahren.

Igel sind Säugetiere und gehören zur Familie der Insektenfresser. Ihre nächsten Verwandten sind Maulwürfe und Spitzmäuse. Igel stehen unter Naturschutz.

Das Aussehen des Igels

Igel leben etwa vier bis fünf Jahre, manchmal werden sie aber auch bis zu acht Jahre alt. Ein ausgewachsener Igel ist 25 bis 30 Zentimeter lang und wiegt etwa ein Kilo. Am auffälligsten sind die Stacheln auf seiner Oberseite, die wie Nadeln am Ende spitz auslaufen. Die Stacheln sind 2 bis 3 Zentimeter lang und können weiß und braun gefärbt sein; es gibt aber auch ganz weiße Stacheln.

Die Bauchseite des Igels und der Kopf sind mit kurzen Haaren bedeckt. An den Übergangszonen zum Stachelkleid wachsen dichte lange Haare. Das kleine spitze Igelgesicht endet in einer schwarzen Nase.

An ihren beiden Seiten wachsen lange Haare. Die kleinen dunklen Knopfaugen sind leicht erkennbar, wogegen die breiten Ohrmuscheln im dichten Fell kaum auffallen. Jeweils fünf scharfe Krallen sitzen an den eher kurzen Beinchen, mit denen Igel bis zu 10 Kilometer pro Stunde spurten können. Am runden Hinterteil befindet sich ein kurzer nackter Schwanz von 2 bis 3 Zentimetern Länge.

Wieviel Stacheln hat ein Igel?

Schätzungen zufolge besitzt ein erwachsener Igel etwa 9000 Stacheln. Diese liegen in entspanntem Zustand am Körper an, so dass man ohne sich wehzutun einen Igel streicheln kann. Bei Gefahr kann sich der Igel mit Hilfe eines Muskels, der unter der Haut verläuft, zu einer Kugel zusammenrollen. Die Stacheln, die innen hohl sind, werden alle aufgerichtet und Kopf, Füße und Schwanz unter den Bauch gezogen. So ist der Igel rundherum durch seine piksenden Stacheln geschützt.

Der Stachelpanzer hat aber auch seine Nachteile: Im Sommer tummeln sich unzählige Parasiten wie Flöhe und Zecken darin.

Aktiver Umgang

Mit den Kindern die Abbildung eines Igels genau betrachten. Besonders auf die Ohren, die langen Haare an der Schnauze und den kurzen Schwanz achten, da diese bei Zeichnungen oft nicht zu sehen sind.
Nach der Bildbetrachtung Zeichnungen anfertigen lassen oder aus Knete kleine Igel formen. Als Haare dünne Wollfäden durch die Schnauze ziehen, als Stacheln Zahnstocher oder Draht verwenden.

Die Sinne

Igel haben beim Herumstreifen meistens ihre Nase am Boden und wühlen sich durch Blätter- und Komposthaufen. Mit ihrem feinen **Geruchssinn** spüren sie ihre Artgenossen und Beute auf und können sogar einen Käfer erschnuppern, der sich 15 Zentimeter tief in die Erde eingegraben hat. Die Nase ist bei gesunden Igeln ständig feucht.

Auch das **Gehör** ist ausgezeichnet, sind Igel doch bei ihrer nächtlichen Lebensweise darauf angewiesen, Nahrung oder Feinde rechtzeitig zu hören. Plötzlich auftretende hohe Geräusche erschrecken sie.

Die **Sehkraft** ist stark eingeschränkt, wobei der Igel damit gut leben kann. Es gibt Berichte über halbblinde oder blinde Igel, die wohlgenährt alt wurden.

Der **Geschmackssinn** lässt sich mit unserem nicht vergleichen. Igel verspeisen selbst verwestes Fleisch mit einem lauten Schmatzen und scheuen sich auch nicht vor Tieren, die übelriechende Flüssigkeiten absondern.

Die langen Haare an der Schnauze dienen den Igeln zum **Tasten**.

Aktiver Umgang

Sinnesspiele mit verbundenen Augen durchführen, z.B. ein anderes Kind finden, das mit den Füßen scharrt, oder eine Orange im Zimmer „erschnuppern“.

Vorkommen

Echte Igelarten (sogenannte „Stacheligel“) gibt es nur in Europa, Asien und Afrika, jedoch nicht in Amerika und Australien.
Der **Braunbrustigel** ist bei uns in Deutschland ebenso heimisch wie im übrigen westlichen Europa, z.B. in Frankreich und England. Im Osten Europas, z.B. in Tschechien und Bulgarien lebt der **Weißbauchigel**. Viel hellere Stacheln hat der Wanderigel, der etwas kleiner ist. Ihn findet man an den Mittelmeerküsten Europas und in Afrika. Der **Madagaskarigel** ist auf der gleichnamigen Insel östlich von Afrika heimisch. Er ist mit maximal 20 cm Länge etwas kleiner als der europäische.

Lebensraum und Lebensgewohnheiten

Naturnahe Gärten und Parks mit Wiesen, kleinen Gehölzstreifen und naturbelassenen Hecken bieten den idealen Lebens- und Nahrungsraum für die kleinen stachligen Tiere. Denn dort finden sie nicht nur zahlreiche Unterschlupfmöglichkeiten, sondern auch ein reichhaltiges Nahrungsangebot auf kleinem Raum. Igel findet man deshalb sehr oft in der Nähe von Hausgärten, da diese bessere Lebensbedingungen als große einseitig bepflanzte Äcker oder Wälder bieten.

Igel sind ausgesprochene Nachtschwärmer, das heißt sie verschlafen den Tag in ihrem Nest im Gebüsch und gehen, sobald es dämmert und die Nacht anbricht, auf Nahrungssuche. Manchmal werden dabei in einer Nacht mehrere Kilometer zurückgelegt, wobei die Igel öfter einmal eine Ruhepause einlegen. Das fanden Wissenschaftler heraus, die mehrere Igel mit Sendern ausrüsteten und über Nacht mit Peilantennen verfolgten.

Jeder Igel lebt in einem bestimmten Revier, das er als Einzelgänger bewohnt. Jedes „Igel-Gebiet“ ist etwa so groß wie zwei Fußballfelder. Treffen sich zwei Tiere bei der Nahrungssuche, beachten sie sich meist nicht.

Winterschlaf

Alle Igel sind Winterschläfer, das heißt sie suchen sich im November oder Dezember (bei Außentemperaturen unter 15 Grad Celsius) ein geeignetes Quartier, in dem sie sicher rund fünf Monate schlafen können. Als Schlafplatz geeignet sind Reisighaufen und dichte Hecken.

Um den Winterschlaf zu überleben, müssen sich die Igel im Sommer und Herbst ein Fettpolster anfressen. Während des Winterschlafes gehen bis zu 40 Prozent des Gewichtes verloren, das sind bei einem „Ein-Kilo-Igel“ bis zu 400 Gramm!

Der Igel rollt sich zu einer Kugel zusammen, seine Körpertemperatur sinkt während des Winterschlafes von ca. 37 Grad auf 2 bis 5 Grad Celsius ab, das Herz schlägt statt 280 mal nur noch ca. 10 mal pro Minute. In diesem Zustand werden die Fettvorräte nur langsam verbraucht und reichen bis zum Erwachen im März. Sobald es die ersten milden Nächte gibt, normalisiert sich der Kreislauf des Igels allmählich und er erwacht mit einem „Bärenhunger“.

Aktiver Umgang

Den Schulhof oder den elterlichen Garten eines Kindes genau betrachten:
Gibt es Unterschlupfmöglichkeiten für Igel wie Hecken oder Büsche?
Könnte man einen Reisighaufen oder Holzstapel als Behausung anlegen?
Welche Tiere, die dem Igel zur Nahrung dienen, kann man finden (Regenwürmer, Käfer, Raupen, Schnecken)?

Fortpflanzung und Entwicklung

Zur Paarungszeit im späten Frühjahr oder Sommer suchen sich die Igel. Paarungswillige Weibchen stoßen ein Schnaufen oder Knurren aus, das Männchen umkreist sie, wird aber immer wieder abgewiesen. Diese rauhe Werbung kann einige Nächte lang dauern. Erst dann kommt es zur Paarung, wobei sich die Wege der beiden Igel gleich danach wieder trennen.

Rivalen um ein Weibchen versuchen sich gegenseitig wegzuschieben. Oft wandert das Weibchen während des Kampfes weiter und beide Männchen haben das Nachsehen. Damit sich das Igel-Männchen bei der Paarung nicht sticht, kann das Weibchen seine Stacheln ganz anlegen, so dass nichts mehr pikst.

Etwa dreißig Tage nach der Paarung kommen die kleinen Igelbabys zur Welt. Meistens sind es zwischen 3 und 8 Nachkömmlinge. Sie werden blind geboren. Die zwei bis drei Millimeter langen weißen Stacheln sind so in die aufgequollene Babyhaut eingebettet, dass sie die Igel-Mutter bei der Geburt nicht verletzen. Erst wenn die Haut schrumpft, kommen die Spitzen zum Vorschein. Diese werden dann von braunen Stacheln überwachsen.

Das Igelweibchen muss sich alleine um seine Kinder kümmern, sie brauchen viel Nestwärme und werden gut 5 Wochen lang gesäugt. Nachdem sie noch weitere 5 Wochen gemeinsam mit der Igelmutter die ersten Würmer und Fallobst gesucht haben, geht jeder Igel seinen eigenen Weg. Sein Gewicht ist dann von 20 Gramm auf rund 300 Gramm gestiegen und er hat gelernt, sich bei Gefahren einzurollen.

Igel können zweimal im Jahr Nachwuchs bekommen. Der zweite Wurf im Sommer kann sich aber meistens nicht genügend Fettreserven anfressen, so dass er den Winterschlaf nicht überlebt.

Nahrung

In Wiesen und Hecken findet der Igel reichlich Nahrung. Igel fressen hauptsächlich Schnecken, Regenwürmer, Raupen, Maden, Spinnen und Käfer. Igel sind bei Gärtnern sehr beliebt, da auf ihrem Speiseplan einige Schädlinge von Blumen und Gemüse stehen.

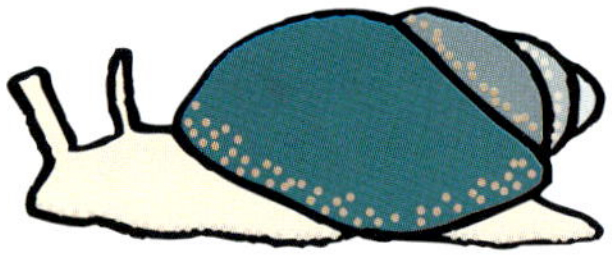

Ab und zu finden sie auch ein Nest mit kleinen Mäusen oder den Eiern von bodenbrütenden Vögeln. Frösche und Eidechsen stehen recht selten auf ihrem Speisezettel.

Der im Freien stehende Futternapf von Katzen und Hunden wird oftmals nicht von diesen sondern vom Igel geleert.

Keinesfalls darf man dem Igel eine Schüssel Milch hinstellen, wie es oft in älteren Büchern beschrieben wird. Igel bekommen davon Durchfall, der tödlich sein kann.
Über Fallobst unter Apfel- oder Birnenbäumen freuen sich die Igel im Herbst.

Natürliche Feinde

Obwohl die Igel durch ihre Stacheln gut geschützt sind, haben sie auch Feinde unter den Tieren, die ihnen gefährlich werden können. Am meisten haben sie Eulen zu fürchten, die wie die Igel nachts auf Beutejagd gehen und mit ihren langen Krallen problemlos einen ausgewachsenen Igel greifen und töten können. Auch Füchse und Marder, die sich oft in der näheren Umgebung menschlicher Behausungen aufhalten, erbeuten ab und zu einen Igel. Manche Katzen und Hunde machen ebenfalls Jagd auf sie, doch es sind meist nur kranke oder schwache Tiere, die ihnen zum Opfer fallen.

Der Mensch als Feind

Weder die genannten Tiere noch die natürliche Auslese, die schwache Tiere nicht mehr aus dem Winterschlaf erwachen lässt, können das Fortbestehen der Igel gefährden. Der größte Feind der Igel ist nämlich die Straße: Mehr als 100.000 Igel werden jedes Jahr in Deutschland überfahren, manche Schätzungen belaufen sich sogar auf bis zu einer Million Tiere. Zum Verhängnis wird ihnen dabei ihre Gewohnheit, sich bei Gefahr einzurollen. Besonders im Frühherbst sind viele tote Igel an Straßenrändern zu finden: einerseits brechen die unerfahrenen Jungigel in eigene Reviere auf, andererseits genießen Millionen Insekten den warmen Asphalt und stellen für die Igel eine besuchenswerte „Festtafel“ dar.

Viele Igel sterben qualvoll, weil sie Schädlingsvernichtungsmittel mit ihrer Nahrung aufnehmen: Sie fressen tote Würmer, Schnecken oder Insekten, die durch Gifte wie Schneckenkorn, Kunstdünger oder Insektizide umgekommen sind. Außerdem vernichtet der Mensch zunehmend Unterschlupfmöglichkeiten, die der Igel zum Überleben braucht, indem er Gestrüpp, Laubhaufen und Hecken entfernt. Obwohl es verboten ist, werden immer wieder Böschungen und Reisighaufen abgebrannt. Geschieht das in den Wintermonaten, können sich die schlafenden Igel nicht mehr vor dem Feuer retten.

Igel überwintern

Igelstation in Lampertheim: Für jedes Tier gibt es ein eigenes Häuschen und viel Auslauf

Kleine Igel brauchen zusätzliche Wärme, wie hier unter einer Infrarotlampe

Igel überwintern im Freien

Bis November muß sich ein Igel genügend Fett angefressen haben (etwa 500 g), um den Winterschlaf zu überleben. Dann schlafen sie vom Wintereinbruch im November bis zu den ersten warmen Märztagen. Milde Temperaturen lassen die Igel nur in eine Art Dämmerschlaf fallen. Starke Igel, die mehr als 600 g wiegen, schlafen tief und fest. Untergewichtige Igel finden hingegen keine Ruhe. Wichtig ist, die Igel während der Winterzeit nicht zu stören. Wenn sie wach werden, wird der Herzschlag schneller, die Igel verbrauchen dann sehr viel Energie und können verenden.

Während milder Wintertage sollten muntere Igelchen über 500 g unbedingt im Freien belassen werden. Sie kommen nur kurz aus dem Winterschlafnest, um es noch besser auszupolstern. Es sollten nur kranke, geschwächte und untergewichtige Tiere aufgenommen werden.

Igel im Haus überwintern

Igel unter 500 g kann man aufnehmen. Die Versorgung ist allerdings aufwendig und erfordert große Sorgfalt: Es muss unmittelbar für Wärme gesorgt werden. Am besten eignet sich eine Wärmflasche, um die ein Frotteehandtuch geschlungen wird (auf der bloßen Flasche verbrennt sich das Tier). Die Flasche regelmäßig mit heißem Wasser nachfüllen.

Winzige Igel-Babys brauchen alle drei Stunden eine Spezialnahrung, auch nachts. Anschließend benötigen sie eine Darmmassage und eine frische Wärmflasche.

Als Futter Katzen- oder Hundefutter aus dem Handel benutzen, gemischt mit Haferflocken, gekochtem Hühnerbein, Igelalleinfutter, ab und zu rohes Tatar. Den Igel vom Tierarzt oder einer Igelpflegestation (im Tierheim Adresse erfragen) auf Parasiten untersuchen lassen. Hat ein Igel Lungenwürmer, wird er nur schwer an Gewicht zunehmen. Er braucht dann eine Spritze, ebenso bei Darmschmarotzern: Sie würden den Igel sonst regelrecht von innen auffressen.

Ein gesunder Igel nimmt am Tag etwa drei bis sieben Gramm zu. Jeden Tag ist unbedingt eine Gewichtskontrolle erforderlich. Außerdem braucht der kleine stachlige Geselle Auslauf: Mindestens einen Quadratmeter pro Igel abstecken, sonst kommt es zu Lähmungserscheinungen. Außerdem ein Schlafhäuschen bereitstellen. Als Polsterung eignen sich alte Handtücher und Papier. Ein Aquarium oder eine Badewanne sind ungeeignet und pure Tierquälerei.

Tipp

Fragen zu Igeln beantwortet die „Igel-Hotline“ rund um die Uhr.
Tel: 06206/911046
(Markus Kern).

Die Überwinterung sollte in einem Keller erfolgen, der trocken und kühl ist (drei bis acht Grad). Dort fällt der Igel in den Winterschlaf: Er verstopft den Eingang seines Häuschens und zeigt damit, dass er in Ruhe gelassen werden möchte. Während des Winterschlafes Trockenfutter und frisches Wasser bereitstellen. Der Igel frisst, sobald er wieder aufwacht.

Wichtig

Igel bitte nicht zähmen. Zahme Igel finden sich in freier Natur nicht mehr zurecht und sind eine leichte Beute für natürliche Feinde.

Igel ohne Stacheln

Sachaspekt

In Südostasien leben zwei Tierarten, die mit den Igeln verwandt sind, aber keine Stacheln tragen. Die **Haarigel** sehen aus wie Ratten. Ihr langer Schwanz ist unbehaart, der übrige Körper ist mit borstigem Fell bedeckt. **Rattenigel** sind doppelt so groß wie unsere einheimischen Igel, sie können eine Länge von 60 cm erreichen. Sie tragen ein dichtes schwarzes Fell, das durch weiße Flecken im Kopf- und Halsbereich unterbrochen wird. An ihrem After sitzen Drüsen, die ein Sekret produzieren, das nach Knoblauch riecht.

Stacheln, aber trotzdem kein Igel

In Australien lebt der **Kurzschnabeligel**, der wie ein „Wandelndes Nadelkissen" aussieht. Das wohl ungewöhnlichste an diesem „Igel" ist, dass er Eier legt wie das Schnabeltier. Bei Gefahr gräbt er sich in den Boden ein.

Seeigel leben unter Wasser in den Küstenregionen der Weltmeere und gehören zu der Familie der Stachelhäuter. Sie haben eine rundliche Form und ihre äußere kalkige Schale ist mit beweglichen Stacheln versehen.

Igelfische leben in tropischen Gewässern nahe der Küste. Sie gehören zur Familie der Knochenfische und haben Stacheln. Bei Gefahr nehmen die Igelfische durch herunterschlucken von Wasser in den Magensack eine kugelige Form an.

Der **Igelkaktus** wächst in Mexiko: Er hat die Form einer Kugel oder eines Zylinders und kann sehr groß werden. Am bekanntesten ist der kugelige, bis zu 1,3 m hoch werdende Goldkugelkaktus, im Volksmund auch als „Schwiegermutterstuhl" bekannt.

Igel-Handpuppe

Material

alter Faust- oder Fingerhandschuh

alternativ: Socke

braune oder graue Wollreste (dickere Wolle)

schwarzer Wollrest für Augen, Nase und Schnurrhaare

Häkelnadel

Stopfnadel

Schere

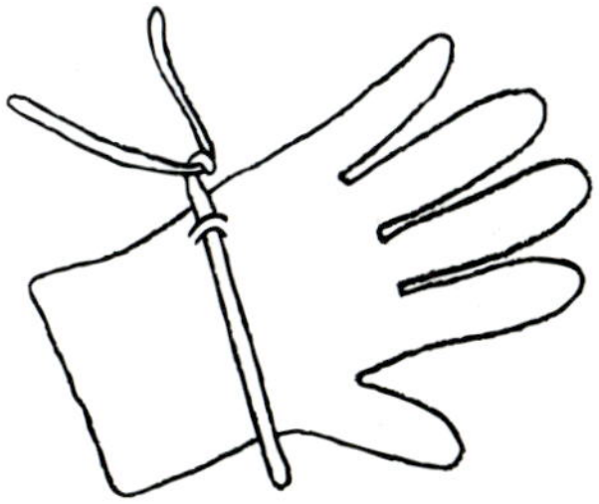

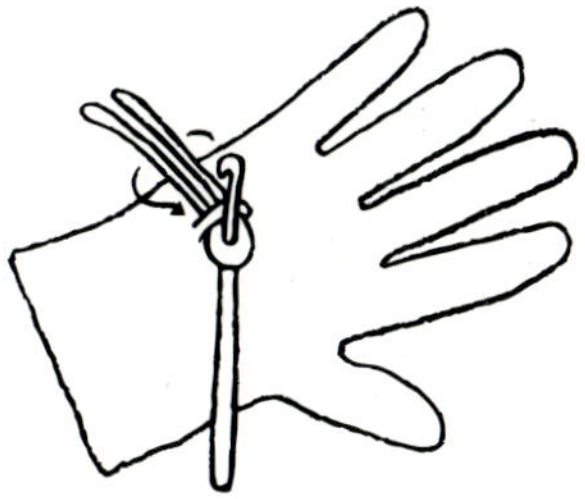

So geht's:
Von den Wollresten 7 bis 10 cm lange Fäden abschneiden und zurechtlegen. Den Faden doppelt nehmen, mit der Häkelnadel die Schlaufe durch den Handschuh ziehen, das offene Fadenende doppelt durch die Schlaufe führen, zum Knoten festziehen (s. Zeichnung). Für einen Handschuh-Igel sind etwa 60 Knoten erforderlich. Anschließend mit der schwarzen Wolle Augen und Nase einsticken, Schnurrhaare mit der Stopfnadel am Schluss durchziehen.

Tipp

Bei Fingerhandschuhen die Fingerspitzen zusammennähen und die Nase aufsticken. Den Daumen frei lassen, sodass beim Handpuppenspiel „Mundbewegungen" ausführbar sind.

Wie kommt der Igel ins Wohnzimmer?

Den Kindern das Bild zeigen. Besprechen:
- Was kann man auf dem Bild erkennen?
- Wie kommt der Igel ins Wohnzimmer?
- Ist er selbst hineingegangen? Warum?
- Hat ihn jemand hineingetragen?
- War er auch in anderen Zimmern?
- Warum versteckt er sich?
- Deutlich machen, dass der Inhalt des Comics nicht realistisch sein muss/soll.

Nachdem die Fragen besprochen wurden, sollen die Kinder die Erlebnisse des Igels zeichnerisch darstellen. Dazu wird das Zeichenpapier mit Stift und Lineal in sechs gleich große Felder geteilt. Wie in einem Comic sollen die verschiedenen Situationen gezeichnet werden. Einfache Darstellungen sind zu bevorzugen, da der Schwerpunkt auf der Phantasie der Kinder und deren zeichnerische Umsetzung liegt. Wer möchte, kann auch Sprechblasen verwenden.

Die fertigen Comics können im Flur o.ä. aufgehängt werden.

Weitere Fragen:
- Was passiert mit dem Igel im Wohnzimmer?
- Kann er dort leben?
- Stellt er etwas an?
- Wer bringt ihn wieder in den Garten?

Hier kann erzählt, gezeichnet oder gemalt werden.

Kreativer Aspekt

Material

Lineal, Bleistift

DIN-A4-Zeichenpapier

Igel aus Draht und Zeitungspapier

Aktiver Umgang

Die reine Arbeitszeit dieser Igel beträgt ca. drei Stunden, wobei zwischen den einzelnen Arbeitsschritten längere Trocknungsphasen einzuplanen sind.

So geht's:
Tische mit Zeitungspapier bedecken. Den Kleister anrühren und in die Schüsseln füllen. Während der Kleister quillt, das Zeitungspapier als Vorarbeit in handteller-große Stücke zerreißen (nicht schneiden!).

Mit dem Seitenschneider ein ca. 20 cm langes Stück vom Maschendraht abschneiden. Dieses zu einer Rolle formen und an den Enden einmal rund und einmal spitz formen. Die Drahtenden werden umgebogen, damit die Form nicht mehr auseinander fällt. Achtung: An den spitzen Drahtenden können sich die Kinder verletzen. Vorsichtig arbeiten.

Material

Zeitungspapier
Tapetenkleister
Schüsseln
Rührlöffel
verzinkter Maschendraht,
50 cm breit,
(Fortsetzung nächste Seite)

Die gesamte Form zuerst mit Kleister bestreichen, dann mit Papier bekleben. Die Zeitungsschnipsel müssen immer überlappen und werden großzügig mit Kleister befestigt. Das Ganze wird nur stabil, wenn überall mindestens fünf Lagen Papier übereinander liegen.

Ohren, Nase, Beine und Schwanz werden aus Papierknäueln, bzw. -rollen geformt, die mit mehreren Papierschnipseln im „Heftpflasterprinzip" am Körper befestigt werden. Abschließend alles noch einmal gründlich mit Kleister bestreichen und lose Teile festkleben.

Der Igel muss mindestens zwei Tage trocknen.
Zum Bemalen den großen Pinsel verwenden. Durch Mischen der Abtönfarben lassen sich farblich individuellere Igel gestalten.

Stacheln aus Zahnstochern:
Mit der Nähnadel Löcher für die Stacheln bohren. Die Zahnstocher hineinstecken und evtl. festkleben. Mit dem Haarpinsel die Stacheln bemalen.
Stacheln aus Nägeln:
Die Nägel werden mit dem Hammer vorsichtig in die gut durchgetrocknete Igelform geschlagen.

Die fertigen Igel werden in Kartons gesetzt, die mit Laub und Zweigen als Nest ausgestaltet werden.

Material *(Fortsetzung)*
Seitenschneider
Zahnstocher
dicke Nähnadel
evtl. Klebstoff oder
Nägel, 3-4 cm lang
Hammer
Abtönfarben in weiß, braun, schwarz
dicker Malerpinsel
Haarpinsel

Holzigel mit Nagelstacheln

Kreativer Aspekt: Diese Arbeit eignet sich sowohl als Einzel- als auch als Partnerarbeit. Für jüngere Kinder sollte das Holz bereits zugeschnitten sein.

Mit den Kindern den Holzklotz ansehen und gemeinsam überlegen: Wo sitzen Nase und Augen? Wo beginnt das Stachelkleid? Mit dem Bleistift kann eine feine Linie gezogen werden, die den Übergang zwischen Kopf und Stacheln markiert.

Die Nägel oben und an den Seiten so einschlagen, dass möglichst keine „Reihen" entstehen, sondern ein unregelmäßiges Nagelfeld. Wer möchte, kann auch noch vier Nägel als „Beine" einschlagen. Allerdings besteht dann die Gefahr, dass der Igel anschließend schief steht (durch ungleichmäßig tiefe Einschläge). Mit Filzstiften oder Lackfarbe den Kopf bemalen, Auge und Nase nicht vergessen.

Material

Spitz zurechtgeschnittener Holzklotz

lange starke Nägel

Hammer

Filzstifte oder Lackfarben auf Wasserbasis

Bleistift

Der Nageligel sieht hübsch auf der Fensterbank zwischen Blumentöpfen aus, eignet sich aber auch zum Spielen im Freien. Den Nageligeln können fachgerecht Höhlen oder Laubburgen gebaut werden. Kleinere Holzstücke eignen sich zur Herstellung von „Igelbabys" und damit einer ganzen Igelfamilie.

Frubi, der Igel

Frubi erwachte aus seinem langen Winterschlaf, als eine warme Frühjahrsbrise seine Nase kitzelte. „Hatschi" nieste er. Dann streckte und reckte er sich ordentlich, bis jeder Stachel an der Stelle saß, wo er hingehörte. Neugierig schnupperte er in der Luft: Er musste unbedingt nach draußen laufen und sich umsehen, es roch ja überall so verlockend. Außerdem hatte er einen Riesenhunger.

Vergnügt krabbelte Frubi unter seinem Blätterhaufen hervor, der ihn während der Kälte gewärmt und geschützt hatte und lief hinaus in die Nacht. Seine Schnurrhaare zitterten heftig, als er seine Nase dicht über den Boden hielt und die herrlichsten Gerüche wahrnahm: Feuchte Erde, Waldboden, faule Äpfel, fette Käfer und Würmer. Eifrig scharrte er mit den Vorderpfoten im lockeren Boden, bis er eine dicke Made zum „Frühstück" fand. Laut schmatzend und angenehm satt setzte er seinen Weg fort. Doch halt - was war denn das? Starr blieb Frubi stehen. Hatte er da nicht etwas bellen hören?

Tatsächlich. Schon sah Frubi einen Dackel laut kläffend um die Ecke jagen, direkt auf ihn zu. Blitzschnell rollte sich der Igel zusammen. Ha, der Hund würde sich höchstens eine zerstochene Nase holen, wenn er ihm zu nahe kam. Fest zu einer Kugel zusammengerollt blieb Frubi liegen. Der Dackel sprang um das piksige Knäuel herum. Aber er konnte ihn nur anbellen, nicht beißen - der Stachelpanzer war viel zu spitz für seine Schnauze. Verdrossen lief der Dackel weiter.

Frubi blieb sicherheitshalber noch ein bißchen eingerollt, dann streckte er vorsichtig seine Nase hervor. Puh, die Luft war wieder rein. Jetzt aber nichts wie weg hier, bevor der Hund zurückkam. Schnell lief er auf seinen Beinchen an der Hecke entlang. Er war noch nicht ganz am Ende angekommen, als er einen Lichtstrahl über den Boden huschen sah. Verdutzt bemerkte er den hellen Schein und erkannte einen Mann und ein kleines Mädchen, die zusammen einen Abendspaziergang machten. Das Mädchen hatte eine Taschenlampe dabei, mit der es den Weg beleuchtete.

Plötzlich richtete sich das Licht auf ihn. Erschrocken erstarrte Frubi: Seine Augen reflektierten in leuchtendem Grün, doch er war so geblendet, dass er nichts mehr sehen konnte. „Guck' mal, Vati, ein Igel", rief das Mädchen. „Pscht", mahnte der Vater, „nimm' lieber das Licht fort. Igel mögen keine Helligkeit." Erleichtert atmete Frubi auf, als ihn wieder der Schutz der Dunkelheit umgab. Als er wenige Meter weiter einen verschrumpelten Apfel im Gebüsch fand, knabberte er erst einmal ausgiebig daran herum. Das brauchte er auf den Schrecken einfach. Und der Apfel schmeckte so lecker süß.

Dann lief er weiter. Nach einer Weile stand er an einer Straße. Erstaunt besah er sich die Autos, die vorbeisausten. Waren die im letzten Jahr auch schon dagewesen? Er konnte sich nicht erinnern. Ein Fahrzeug steuerte gefährlich nahe an Frubi vorbei - schwupps - schon kugelte sich der Igel wieder fest zusammen. „Das nützt dir hier nichts", hörte er eine helle Stimme sagen. Sie gehörte dem kleinen Mädchen, das ihn inzwischen schon wieder eingeholt hatte. Es fuhr fort: „Autos stören sich nicht an deinen Stacheln. Sie sind viel stärker. Du musst ihnen lieber ausweichen". Dann ging es davon.

Frubi schob wieder seine Nase heraus und streckte sich zu seiner vollen Länge. Gut, dann machte er sich eben wieder auf den Rückweg. Eilig lief er davon und achtete dabei nicht auf den Weg. Darum übersah er eine Kuhle, in die er prompt hineinfiel. Vor lauter Schreck kugelte er sich sofort fest zusammen, sodass er sich beim Sturz nicht wehtat. War alles heilgeblieben? Frubi prüfte seinen Körper sorgfältig: Nase o.k., Beine einwandfrei, Stacheln ließen sich aufstellen, Zusammenrollen war kein Problem. Was hatte er für ein Glück gehabt.

Und weil das nun wirklich genügend Abenteuer für ihn waren, lief Frubi zu seinem Blätterhaufen zurück und kuschelte sich in sein Nest. Noch ehe er seinen aufregenden Spaziergang noch einmal überdenken konnte, war er schon tief und fest eingeschlafen.

Aktiver Umgang

Geschichte vorlesen, mit den Kinder besprechen, was Igel Frubi alles erlebt.

Herausarbeiten, dass sich der Igel bei Gefahr zusammenrollt.

Den Igel-Handschuh einsetzen: Mit den Kindern das erschreckte Zusammenrollen und das langsame „Hervorschieben“ der Nase üben.

Die Geschichte noch einmal langsam vorlesen und mit dem Igel-Handschuh begleiten.

Alternativ kann die Geschichte auch als Rollenspiel umgesetzt werden.
Als Blätterhaufen könnte eine Decke dienen, der „Igel“ müsste sich auf allen Vieren fortbewegen und bei Gefahr auf dem Boden zusammenrollen.

Um mehr Kinder zu beteiligen, kann das Stück beliebig erweitert werden. Igel Frubi könnte zum Beispiel einer anderen Igelfamilie begegnen, einem Fuchs, einer Maus usw. Zuvor gemeinsam überlegen, wann sich der Igel zusammenrollt (Fuchs) und wann er neugierig schnuppert und schmatzt (Igelfamilie).

Das große Igel-Spiel

Der Igel möchte sich in einen bunten Blätterhaufen kuscheln. Doch den muss er erst zusammenwürfeln. Wer hat sich zuerst eingeigelt? Los geht's...

Die Spielkarten

Das frisch gepflückte Blatt auf der Rückseite mit dick angerührter Deckfarbe einpinseln. Das Blatt mit der Farbseite nach unten auf das Papier legen, mit Zeitungen abdecken und fest mit dem Handballen darüberfahren. Das Blatt vorsichtig abziehen, vor dem nächsten Druck erneut mit Farbe bestreichen. Von jedem Blatt pro Igel mindestens drei Drucke anfertigen. Die Drucke trocknen lassen, eventuell über Nacht pressen. Wurde festes Papier verwendet, können die einzelnen Blätter jetzt als Spielkarte ausgeschnitten werden. Noch besser ist es aber, die Drucke auf Pappe aufzukleben.

Material

großer Pappkarton als Spielbrett und für die Spielkarten (als Spielbrett eignet sich auch ein ausrangierter Bilderrahmen)
weißes Papier
Deckfarben
Pinsel
frische Blätter mit unterschiedlichen Formen
alte Zeitungen
Klebstoff
Schere
Filzstift
Lineal
Würfel

Der Spielplan

Auf ein DIN-A4-Blatt mit Deckfarbe einen Igel malen, trocknen lassen. Aus einem Karton (oder Bilderrahmen) je einen großen Spielplan pro Spieler herstellen. In die Mitte den Igel kleben, um den Igel herum genügend Platz für die Blätterkarten lassen.

Die Spielregeln

Der Igel will sich in seinem Blätterhaufen zurückziehen. Den muss er sich aber erst noch bauen: Jedes Blatt (Spielkarten-Drucke) erhält einen Punktwert zwischen eins und sechs. Die Blätterkarten werden in die Mitte offen auf einen großen Haufen gelegt. Nun wird im Uhrzeigersinn gewürfelt, die Blattkarte mit der passenden Punktzahl darf aufgenommen und auf den eigenen Spielplan gelegt werden. Ziel des Spiels ist, möglichst schnell eine lückenlose Blätterkette um den Igel zu legen. Wer seinen „Haufen" zuerst komplett geschlossen hat, gewinnt.

Der Reiz des Spiels liegt dabei nicht nur in der Würfelfolge, sondern auch in der Größe und Unterschiedlichkeit der Blätterkarten. Je nach Alter können folgende Hindernisse eingebaut werden:

1. Jeder Igel muss mindestens von jeder Blättersorte ein Exemplar haben.
2. Es dürfen nie zwei gleiche Motive nebeneinander liegen.
3. Die Blattkarten dürfen sich nicht überlappen.
4. Bei einer Sechs darf ich meinem Nachbarn ein Blatt vom Spielplan nehmen.

Süßer Mandel-Igel

Die dicken Igelchen sehen nicht nur zum „Anbeißen“ aus, sie schmecken auch prima! Das Rezept eignet sich zur Eigelbverwendung.

So geht’s:
Die Zutaten für den Teig vermischen und zu einem geschmeidigen Teig kneten. Walnussgroße Kugeln formen, mit den Fingern zur Tropfenform zurechtdrücken. Wer möchte, kann die Kugeln mit Eigelb bestreichen. Abschließend Mandelstifte als Stacheln senkrecht eindrücken. Sollten die Stifte zu lang sein, mit einem Küchenmesser halbieren.

Zutaten für den Teig

140 g Butter, 80 g Zucker
Vanillezucker
2 Eigelb, 200 g Mehl
abgeriebene Zitronenschale

Zutaten zum Verzieren

gestiftete Mandeln
evtl. 1 Eigelb zum Bestreichen
etwas flüssige Schokolade
(Augen, Stacheln)
Rührschüssel, Rührlöffel
feiner Pinsel

Backen

Die Igelkekse auf ein gefettetes Backblech setzen und bei mittlerer Hitze 10 - 15 Minuten goldgelb backen. Gebäck auskühlen lassen. Zum Schluss die Schokoladenglasur laut Anweisung erhitzen, mit dem Pinsel die Augen auf das erkaltete Gebäck auftupfen.

Tipp

Wer möchte, kann auch den gesamten Igel mit Schokolade überziehen. Dabei sollte allerdings auf den sparsamen Gebrauch der Glasur und vorsichtiges Arbeiten geachtet werden, sonst gibt es ein regelrechtes „Schokoladenbad“ auf dem Tisch...

Lied: Ich bin der kleine Fritz

Ich bin der kleine Fritz
und kürzlich erwacht.
Ich strecke meinen Kopf
in die dunkle Nacht.
Mein Magen knurrt ganz laut,
der Hunger tut weh.
Ich laufe zur Wiese
und schnüffle im Klee.

Unter grünen Blättern
krabbelt viel Getier.
Käfer, Schnecken, Raupen,
ja, die schmecken mir.
Nach dem feinen Essen
ruhe ich mich aus.
Wenn es morgens hell wird,
laufe ich nach Haus.

Unter einer Hecke
habe ich mein Bett.
Viele große Blätter,
es ist weich und nett.
Was ich für einer bin,
werdet ihr fragen:
Ein kleiner Igel mit
Stacheln zum Tragen.

Musikalischer Aspekt

Zu singen nach dem Kinderlied: „Spannenlanger Hansel, nudeldicke Dirn"

Der Igel im Sprachgebrauch und im Märchen

Sich zusammenrollen wie ein Igel
(sich klein machen, Schutz suchen, auch zusammenkuscheln)
Einigeln
(sich von der Umwelt abkapseln)
Der ist ein richtiger Igel
(widerborstiger Mensch)
Die Stacheln aufstellen
(sich wehren, Widerstand zeigen, abwehrende Haltung einnehmen)
Schweinigel
(Umgangssprachlich für ungehöriges Benehmen, wie „Ferkel")

Der Igel ist wahrhaftig kein „Schweinigel" oder, wie es früher hieß, „Swinegel": Der Igel hält sein Nest sauber und beschmutzt es möglichst nicht. Falls es im Schlaf doch zu Absonderungen kommt, verlässt der Igel sogar seine Behausung und sucht sich eine neue Schlafstätte.

Der Hase und der Igel

(Märchen aus der Sammlung der Gebrüder Grimm)

Das Märchen vom hochnäsigen Hasen und dem gewitzten Igel dürfte bekannt sein: Der Hase wettet mit dem Igel, dass er schneller laufen könne. Sie verabreden sich für den nächsten Tag zum Wettlauf. Der Igel, der dem Hasen im Laufen natürlich unterlegen ist, überlegt sich einen Trick: Seine Frau sieht genauso aus wie er. Sie versteckt sich am Ziel, taucht erst auf, wenn der Hase einläuft und ruft ihm entgegen: „Ich bin schon da." Der Igel selbst bleibt geruhsam am Start zurück. Der Hase kann es nicht glauben, als er den Igel (in Wirklichkeit ja dessen Frau) bereits am Ziel sieht. Rasch dreht er um und läuft die Strecke zurück. Doch oh Schreck: Dort erwartet ihn schon wieder der Igel. Ungläubig rennt der Hase hin und her, immer ist der Igel bereits vor ihm am Ziel. Zum Schluss stirbt der Hase vor Erschöpfung.

Aktiver Umgang

Im übertragenen Sinn steht der Hase für die „vornehme Gesellschaft“, der Igel für den „kleinen Mann“. Es sollte sich aber kein noch so vornehmer Herr über einen Menschen niedrigeren Standes lustig machen.

Die Geschichte vorlesen, die Überheblichkeit und die Siegesgewissheit des Hasen herausarbeiten, ebenso die Klugheit des Igels. Die Geschichte eignet sich für ein spontanes Rollenspiel und benötigt keine Requisiten.

Problematisch ist allerdings der Schluss der Geschichte: Der Igel hetzt den Hasen zu Tode. Hier muss die Dummheit des Hasen herausgestellt werden, der nicht aufgeben will, selbst wenn es ihn das Leben kostet. Doch auch die Rolle des Igels ist zweifelhaft, dass er es soweit kommen lässt. Mit den Kindern einen anderen Schluss überlegen, der (im übertragenen Sinn) ganz allgemein zu Problemlösungen im Alltag führen könnte.

aus: „Die Kinder- und Hausmärchen der Gebrüder Grimm“ Verlag Dausien, 5. Aufl. 1976

Zum Beispiel:
- Der Hase hält schließlich an und gibt sich geschlagen. Er fragt den Igel, wieso dieser so schnell laufen könne. Der Igel verrät seinen Trick, der Hase ärgert sich erst, sieht aber ein, dass er selbst überheblich war und diese Lehre verdient hat.

- Der Igel stoppt den Hasen und fragt, wie lange er denn noch weiterlaufen wolle. Der Hase erkennt sein sinnloses Tun.

- Der Hase stoppt mitten auf der Strecke und überlegt in Ruhe, dass hier etwas nicht stimmen kann. Er merkt, dass ihn der Igel gar nicht überholt und kommt von alleine auf den Trick. Er lacht und gratuliert dem Igel zu seiner List.

„Der Igel“

Gedicht von Ilona Bodden

Sieh zu, dass du dich nicht verletzt:
mit Stacheln bin ich rings besetzt!
Es sind genau - so glaube mir -
zehntausendsiebenhundertvier!
Mitunter, nahen Feinde sich,
roll’ ich zu einer Kugel mich.
Drin sitz’ ich wie in einem Haus
und lache einfach alle aus!
Nicht immer bin ich gut gelaunt:
Ich mag nicht, wenn man mich bestaunt.
Und manchmal wein’ ich bitterlich.
Warum denn? Niemand streichelt mich.

„Fuchs und Igel"

Der Fuchs rief: „Ei,
was hab ich gefunden:
Dich, Igel,
dich runden!

Dass ich dich treffe,
wie wunderbar!
Jetzt kann ich dich fressen
mit Haut und Haar!

Ich bin groß,
und du bist klein,
du passt gut
in mich hinein!

Her, du feines
Mittagessen:
Augen zu,
du wirst gefressen!"

Wupp! - Die Stacheln
haben gestochen.

Das Maul war geschwollen
noch nach drei Wochen.

Nach drei Wochen
trafen sich beide
zufällig wieder
hinter einer Weide.

Hinter einer Weide
bei einem alten Schuh.
Der Igel: „Da bist du ja wieder,
du!"

Drauf der Fuchs:
„Dich fresse, wer mag!
Guten Tag!"

aus: Josef Guggenmos,
Sonne, Mond und Luftballon
(Gulliver Taschenbuch)
1984 Beltz Verlag, Weinheim
und Basel,
Programm Beltz & Gelberg,
Weinheim

Warum Igel schmatzen
Igel kann man in der Nacht laut schmatzen hören. Mit diesen Geräuschen, einer Art „Schmatz-Sprache“, verständigen sich die Tiere untereinander. Nähert sich zum Beispiel ein Igel-Männchen der Partnerin seines Nachbarn, schmatzt dieser laut vernehmlich. Das bedeutet soviel wie: „Lass meine Partnerin in Ruhe und verschwinde.“

Igel bespucken sich selbst und verteilen ihren Speichel in ihrem Stachelkleid. Wissenschaftler vermuten, dass sie dadurch ihren Eigengeruch verstärken und Familienmitglieder sie besser wahrnehmen können.

Entgegen vieler bildlicher Darstellungen und Erzählungen **spießen Igel kein Fallobst auf**, um es an einen Futterplatz zu transportieren. Trifft man einen Igel mit einem Apfel auf den Stacheln, so ist ihm dieser einfach auf den Rücken gefallen.

Igel stehen unter **Naturschutz**. Wer also Igel fängt, verletzt oder tötet oder ihr Nest beschädigt, muss mit einer **Geldbuße** oder sogar **Freiheitsentzug** rechnen.

Igel haben ein **sehr feines Gehör**: Ihr Hörvermögen liegt im **Ultraschall-Bereich**. Schon aufgrund des Ratschens eines Reißverschlusses oder des Klickens eines Druckknopfes kann er sich zusammenrollen.

Beim Aufnehmen eines Igels kann es vorkommen, dass er in den Finger beißt: Es zwickt ziemlich, verletzt aber die Haut nicht besonders. Wissenschaftler nennen dies einen **Kontaktbiss**, durch den der Igel prüft, ob der Mensch freundlich oder feindlich reagiert.

Igel haben **Milchzähne**: Igel-Babys bekommen nach etwa drei Wochen 23 Milchzähne. Diese verlieren sie zwischen der siebten und neunten Lebenswoche und es wachsen 36 bleibende Zähne nach.

Igel sind **nicht immun gegen Schlangengift**. In den seltensten Fällen wird ein Igel gegen eine Giftschlange kämpfen, da er sich bei Gefahr einrollt und die Schlange nur bei einem Angriff zubeißt. Falls es doch einmal zu einem Biss kommt, kann ein gesunder Igel dank seiner erhöhten Widerstandskraft gegen Schlangengift überleben.

Wenn ein Igel-Männchen sich mit einem Weibchen paaren möchte, jagt er es regelrecht unter lautem Geschnaufe durch den Garten. Biologen nennen diesen Vorgang **„Igelkarussell“**.

Einige **Schmarotzer** leben auf und in den Igeln: In den Haaren und Stacheln leben Flöhe, Zecken beißen sehr gerne in den nur mit Haaren bedeckten Bauch. Beim Überwintern eines Igels sollten diese Tiere unbedingt entfernt werden. Lebensgefährlich können Lungenwürmer für durch Winterschlaf oder Nahrungsmangel geschwächte Igel werden. Hustende Igel sind sicher von ihnen befallen. Übertragen werden sie und auch die Darmhaarwürmer von Schnecken, die immer mehr zur Hauptkost der Igel werden.

Igel können **schwimmen**, allerdings nicht sehr lange und auch nicht ausdauernd.

Tagsüber schlafen die Igel - im Gegensatz zum Winterschlaf - nicht sehr tief: Schon ein leises Geräusch kann sie aufwecken. Sie rollen sich dabei auch nicht zusammen, sondern **schlafen** lang **ausgestreckt**

Bei Schmerzen oder in Lebensgefahr können Igel **laut schreien**. In der Not geben sie ein lautes Schnauben von sich.

Literaturhinweis

Das Igel-Brevier (für Tierärzte und interessierte Laien): Richtlinien zur vorübergehenden Pflege des Igels. Dr. Walter Poduschka, Universität Wien. ISBN 3-7292-1235-4

Steinbach, Gunter (Hrsg): Wir tun was für Igel. Stuttgart, 1990

Hofmann, Helga: Der Igel. München 1992

Drefke-Falkenstein, Ursula: Vom Igel, der nicht schlafen wollte. Was wir mit dem Igelkind Schnuffi erlebten, das seine Mutter verloren hatte. Stuttgart 1989 (Lesehefte für die Grundschule)

Hesse, Günther: Rina. Ein Tag im Leben des Igels. Berlin 1989. (Kinderbuch)